Walther Friesen

AF289975

Frauen
aus dem Adelsgeschlecht
derer von Mengden

AFZ ETHNOS e.V.

DORTMUND 2020

© **Walther Friesen.** Frauen aus dem Adelsgeschlecht derer von Mengden

© Layoutdesign. Artem Scheller Medienagentur

Bilder im Hintergrund des Bucheinbands:
◦ Fragment des Stadtplans von Sankt Petersburg, 1753
◦ M. I. Machajew (1716–1770): Große Deutsche Straße in Sankt Petersburg, 1751

Herausgeber: Ausbildungs- und Forschungszentrum ETHNOS e.V.
Bezugsadresse: AFZ ETHNOS e.V., Bermesdickerstr. 9, 44357 Dortmund
Tel.: +49 231/3173020
E-Mail: afz.ethnos@gmail.com

Lektorat: Tatiana Friesen
Herstellung und Verlag: BoD - Books on Demand, Norderstedt

Das Werk, einschließlich seiner Teile, ist urheberrechtlich geschützt. Jede Verwertung ist ohne Zustimmung des Herausgebers und des Autors unzulässig. Dies gilt insbesondere für die elektronische oder sonstige Vervielfältigung, Übersetzung, Verbreitung und öffentliche Zugänglichmachung.

Bibliografische I nformation d er Deutschen N ationalbibliothek: Die Deutsche Nationalbibliothek verzeichnet diese Publikation in der Deutschen Nationalbibliografie; detaillierte bibliografische Daten sind im Internet über http://dnb.d-nb.de abrufbar.

ISBN 978-3-7526-6916-9

Ursprünge

Das Geschlecht derer von Mengede[1] führt seinen Namen nach dem gleichnamigen Stammhaus, dessen Ruinen heute in Dortmund-Mengede zu sehen sind. Nach Angaben des westfälischen Historikers **Johann Dietrich von Steinen** (*1699; †1758), erscheint der Name zuerst mit **Ernestus de Mengede** am 25. Juni 1249. Bereits im Jahr 1230 war **Ludolfus de Mengede** Senator zu Dortmund. 1257 wurde der Ritter **Wilhelm de Mengede** erwähnt. Die gesicherte Stammreihe, die sich über fünf Generationen dokumentieren lässt, beginnt mit dem Ritter **Everhardus de Mengede** (†1306), der in den Jahren 1275 bis 1295 urkundlich belegt ist.
Anfang des 14. Jahrhunderts gab es mehrere Erbbauten, die der Familie derer von Mengede gehörten. Im „Genealogischen Handbuch der livländischen Ritterschaft" schrieb Astaf von Transehe-Roseneck: „Eberhard war Herr des castrum Mengede, wie es aus der Teilungsurkunde seiner Söhne Ernst und Johann vom 8. Mai 1306 hervorgeht… Die Brüder Ernst und Johann, Söhne des verstorbenen Ritters Eberhardt, teilten ihr väterliches Erbe (patrimonium). Ernst erhält die Burg in Mengede (castrum in M.) mit dem Flecken (suburbium); Johann und seine Erben erhalten das Recht, eine Wohnstätte innerhalb des umwallten Grasgartens (in fossato viridarii) zu errichten und sie nach Möglichkeit zu befestigen…"[2]
Mit **Johann von Mengden genannt Osthof** (†1469), erscheint der Familienname erstmals in Livland. Er war von 1442 bis 1450 Komtur von Reval (heute die estnische Hauptstadt Tallinn) und hatte danach bis 1469 das Amt des Landmeisters des Deutschen Ordens in Livland inne.

Neuanfang im Russischen Zarentum

Der erste russische **Zar Iwan IV.** (*1530; †1584) war stolz auf seine deutsche Herkunft und führte gerne Diskussionen über die Unterschiede zwischen dem orthodoxen und lutherischen Glauben.[3] Wie Zeitgenossen bemerkten, wiederholte er immer wieder, dass in seinen Adern bayerisches Blut fließe. Der Zar initiierte den Aufbau eines befreundeten deutschen Staates in Livland. Nachdem Schweden 1568 tatsächlich auf der Seite des Osmanischen Reiches in den Krieg eingetreten war, fiel die Wahl auf den dänischen Prinzen **Herzog Magnus** (*1540; †1583) aus der norddeutschen Oldenburger Dynastie als König der neuen Staatseinheit. Im Juni 1570 traf Magnus in Moskau ein, wurde mit großer Feierlichkeit empfangen und offiziell zum König von Livland proklamiert. Magnus schwor den Treueeid auf den König und heiratete Prinzessin **Marie von Stariza** (*1560; †1610), die Tochter des Vetters des Zaren. Als König von Livland wurde Magnus zum Kommandeur der russischen Truppen ernannt, die in den Krieg gegen die Schweden eintraten. Die Kampfführungsstrategie im Osten des Zarentums war auf die fachliche Unterstützung begabter Deutscher angewiesen, um die befestigten Stützpunkte an der Süd- und Ostgrenze zu bevölkern. Den aus den Chroniken abgeleiteten Einschätzungen des Autors nach betraf die Umsiedlungspolitik Iwans IV. im Verlauf des Livländischen Krieges Zehntausende von Deutschen und Ostbalten. 1588 dienten allein in der mittelgroßen befestigten Ansiedlung Dedilowo an der Südgrenze des Zarentums (ca. 200 Kilometer südöstlich von Moskau) 82 „ausländische Krieger",[4] so die Chronik. Die Gräuel der Bartholomäusnacht (24. August 1572), die die französischen Katholiken an den protestantischen Hugenotten begingen, versetzten für Jahrhunderte die europäischen Protestanten in Schrecken und Misstrauen. Die beiderseitige Abneigung zwischen Katholiken und Protestanten war zur gesellschaftlichen Norm geworden.

In der zweiten Hälfte des 16. Jahrhunderts schien es für viele ehemalige ostbaltische Mitglieder und Untertanen des Deutschen Ordens nur zwei Möglichkeiten zu geben: entweder sich irgendwie der drastisch geänderten geistlichen Umgebung anzupassen oder auszuwandern. Das Damoklesschwert der katholischen Rache hing weiterhin über den Köpfen der Lutheraner unter der polnischen Hoheit, die lutherischen Kirchenrituale durften in den schwedischen bzw. dänischen Besatzungszonen Livlands nur in den nationalen Sprachen der Besatzungsmächte ausgeübt werden.

Der lutherische Glaube war im Zarentum Rus geduldet, und in vielen Aspekten konnten die Protestanten und die christlichen Andersgläubigen, wie z. B. die Anhänger der Lehre von Andreas Osiander oder Antitrinitarier, sich wesentlich sicherer in Ost- als in Westeuropa oder im Ostbaltikum fühlen.[5] Der Militärdienst im Zarentum bot ihnen auch eine lukrative Perspektive. Den Offizieren und einfachen Kriegern wurde guter Sold aus dem Zarenschatz entrichtet. Für zuverlässige Dienste wurden ihnen Bodenanteile mit Leibeigenen in der fruchtbaren Schwarzerde-Zone Osteuropas zugeteilt, die vom Osmanischen Reich erobert worden war.

Eine Gruppe von Deutschen aus Livland ließ sich in der Moskauer Vorstadt an den Ufern der Jausa, dem linken Nebenfluss der Moskwa, nieder. 1560 wurde dort die Lutherische Gemeinde gegründet, der der Sohn des friesischen Theologen Brictius thon Norde (*um 1490; †1557) vorstand.[6] 1601 wurde auf Anordnung des Zaren Boris Fjodorowitsch Godunow (*1552; †1605) die lutherische Steinkirche in Moskau gebaut.

Zur gleichen Zeit erscheint auch **Ernst von Mengden**, der zum anvertrauten hohen Hofamt von Stolnik aufstieg und in dieser Rolle für die Verpflegung des Zaren verantwortlich war. Sein Enkel **Georg von Mengden** (*1628; †1703) war der erste

Oberst und Kommandeur des Preobraschenski Leib-Garderegiments (1692–1696) zum persönlichen Schutz des Zaren Peter I. (*1672; †1725). Die Gründung des Garderegiments erfolgte 1687. Unter Offizieren galt es als ein besonderes Privileg, in diesem Garderegiment zu dienen. Alle großen und bekannten Heerführer des Russischen Imperiums hatten ihre Offizierslaufbahn dort begonnen.

Imperiumsdeutsche

1721 nahm das Schicksal der in Livland ansässigen Deutschen einen anderen Weg. Am 30. August (10. September) 1721 unterzeichnete der junge Diplomat **Heinrich Johann Friedrich Ostermann** (*1687; †1747) im Namen des Zaren Peter I. den **Frieden von Nystad**, der den 20-jährigen Krieg (1700–1721) beendete, und Livland, vertreten durch die livländischen Ritterschaften des Deutschen Ordens, vereinigte sich mit dem Russischen Zarentum. Das war die Gründungsstunde des neuen Staatswesens Eurasiens – des Russischen Imperiums. 1721 waren mehr als 100.000 [7] Deutsche Livlands zu Untertanen des Imperiums, seinem stamm- und staatsgründenden kreativen Titularvolk geworden. Die Angehörigen der Adelsfamilie derer von Mengede erreichten einen hohen sozialen Status im Russischen Imperium.

Auguste Juliane von Mengden

Auguste Juliane von Mengden (*1719; †1787) war die erste Hofdame und Freundin der Großfürstin und Regentin des Russischen Imperiums, Elisabeth Katharina Christine Herzogin zu Mecklenburg-Schwerin (*1718; †1746). Von 1740 bis 1741 war Auguste Juliane von Mengden die Erzieherin des minderjährigen Imperators Ioann VI. (*1740; †1764), der am 17. Oktober 1740 im Alter von zwei Monaten zum Imperator inthronisiert und bereits am 25. November 1741 gestürzt wurde.

Auguste Juliane von Mengden mit Imperator Ioann VI.
Autor unbekannt

Nach dem Staatsstreich ging Juliane von Mengden freiwillig mit der Imperatorsfamilie in die Verbannung. In der südlichen Grenzfestung Oranienburg (heute: Tschaplygin in der russischen Oblast Lipezk) verbrachte sie 23 Jahre. 1764 wurde es ihr erlaubt, sich in Livland niederzulassen.

1740 baute in Sankt Petersburg der aus der Schweiz stammende Architekt Carlo Giuseppe Trezzini (*1697; †1768) das im Jahre 1710 errichtete Haus für Auguste Juliane von Mengden (*1719; †1787) um. Die umgebaute Villa Mengden (auch „Palast" und „Schloss" genannt) befand sich zwischen dem Newa-Fahrdamm und der Großen Deutschen Straße (heute: Millionnaja [Миллионная] ‚Die Straße der Millionäre'; sie war die Hauptstraße des Deutschen Viertels – des Architekturkerns von Sankt Petersburg.).

Deutsches Viertel in Sankt Petersburg (1753)

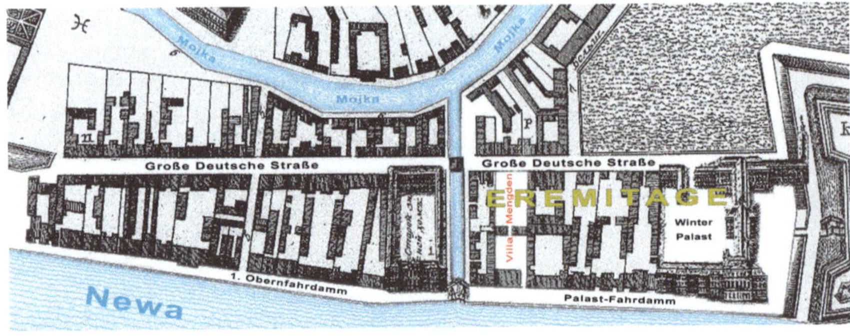

Der Palast grenzte unmittelbar an die imperatorische Residenz an, den Winterpalast, und wurde im Laufe der Zeit erst zur Prestigeimmobilie von Sankt Petersburg und schließlich im 20. Jahrhundert zum Bestandteil des weltberühmten Kunstmuseums ‚Ermitage'.

Anna Dorothee von Mengden und ihre Tochter Anna Ulrike

Die Nichte 2. Grades von Auguste Juliane von Mengden, Anna Dorothee von Mengden (*1716; †1760), die während der 1730er den Mengden-Palast in Sankt Petersburg bewohnte, war auch die anvertraute Hofdame der Imperatorin Anna Ioannowna (*1693; †1740). Am 3. März 1739 verheiratete sich nach lutherischem Ritus Anna Dorothee von Mengden mit Ernst Johann von Münnich (*1707; †1788), dem Sohn des russischen Generalfeldmarschalls Burkhard Christoph Graf von Münnich (*1683; †1767). Die Hochzeitsfeier fand im Winterpalast in Anwesenheit der Imperatorin statt. Unter den Gästen waren Anton Ulrich Prinz von Braunschweig-Wolfenbüttel (*1714; †1774), der Vater des zukünftigen Imperators Ioann VI. (*1740; †1764), der einflussreiche Präsident des Kommerz-Kollegiums **Karl-Ludwig von Mengden** (*1706; †1760) und Großfürstin Jelisaweta Petrowna (*1709; †1762), die 1741 durch den Staatsstreich an die Macht kam.

Als die Thronusurpatorin Jelisaweta Petrowna (Imperatorin Elisabeth I.) an die Macht kam, schickte die Frankreich zugeneigte Herrscherin allerdings die Familie Mengden ins Exil.

Der von Elisabeth I. abgesetzte Imperator Ioann VI. wurde von seinen Eltern, die ihren Sohn nie wieder sahen, getrennt gefangen gehalten. Nach dem blutigen Staatsstreich von Katharina II. (*1729; †1796) wurde Ioann VI. im Jahre 1764 nach seiner 23-jährigen Haft in Schlüsselburg bei Sankt Petersburg ermordet. Die Erinnerung an ihn wurde bewusst ausgelöscht. Ioann VI. ist der einzige russische Imperator, dessen Begräbnisstätte bis heute unbekannt ist.

Auf Anordnung der Thronusurpatorin Jelisaweta Petrowna wurde Ernst Johann von Münnich, wie sein Vater, Generalfeldmarschall Burkhard Christoph Graf von Münnich, festgenommen, enteignet und mit seiner Familie in die Verbannung ins Wologda-Gebiet, das sich im öden Norden befindet, geschickt.

Der erst 1741 geborene Säugling Anna Ulrike teilte das grausame Los der entrechteten Eltern. Um weiteren Schicksalsschlägen zu entkommen, heirate 1756 die in einfachen Verhältnissen aufgewachsene 15-jährige Anna Ulrike den wohlhabenden Staatsmann, Freimauer, Unternehmer und Mäzenen Otto Hermann von Vietinghoff (genannt Scheel; *1722; †1792). Er war Generaldirektor des allrussischen Medizinalkollegiums, was heute dem Amt eines Gesundheitsministers entspricht. Von Vietinghoff begann seine Karriere als Offizier der russischen Armee. Unter dem Befehl von Feldmarschall Franz Moritz Graf von Lacy (*1725; †1801) nahm er an Kriegszügen gegen die Türken teil. Anschließend war er in Riga livländischer Regierungsrat und auf vielen Gebieten mit großem Einfluss politisch aktiv. **Als Kunstmäzen stiftete von Vietinghoff aus eigener Tasche ein Theater in Riga (das heutige**

Wagnertheater), das zu den besten deutschsprachigen Bühnen gehörte, und unterhielt ein Orchester. Auf Grund seiner Machtstellung, Erfolge, Besitztümer, Großzügigkeit und seines Auftretens wurde er inoffiziell als „Halbkönig von Livland" bezeichnet. *Von 1469 bis in das 17. Jahrhundert waren derer von Vietinghoff Besitzer des Wasserschlosses Westhusen im heutigen Dortmunder Stadtteil Bodelschwingh.*

Die Mutter von Anna Ulrike, Anna Dorothee von Mengden, verstarb allerdings im Exil.

In dieser Ehe kam **Beate Barbara Juliane von Krüdener** (geb. von Vietinghoff; *1764; †1824), die spätere Beraterin des russischen Imperators Alexander I. auf die Welt. Auf ihre Anregung hin wurde die „Heilige Allianz" gegründet. Das war das Bündnis, das die drei Monarchen Russlands, Österreichs und Preußens nach dem endgültigen Sieg über Napoléon Bonaparte am 26. September 1815 in Paris abschlossen. Frankreich trat der Allianz 1818 bei. Beate Barbara Juliane von Krüdener wird die „Mutter der Heiligen Allianz" genannt.

Der 1762 gekrönte Imperator Peter III. (geb. Karl Peter Ulrich von Schleswig-Holstein-Gottorf; *1728; †1762) holte die Familie Münnich aus der Verbannung zurück. Der zum neuen Anfang ermutigte Ernst Johann von Münnich widmete sich unter anderem dem Aufbau und der Zusammenstellung des Gemäldekatalogs der Ermitage. Er gilt als Mitbegründer und einer der Schirmherren des weltberühmten Kunstmuseums. Ein Teilgebäude des Ermitage-Palastes wird noch heute „Mengden-Villa" genannt.

Zinaida Gräfin von Mengden

176 Jahre später suchte ein auffällig ähnliches tragisches Schicksal Zinaida Gräfin von Mengden (*1878; †1950) heim. Sie war ebenfalls Hofdame – das Fräulein von Maria Fjodorowna (Marie Sophie Frederikke Dagmar, Prinzessin von Dänemark; *1847; †1928), der Gemahlin von Imperator Alexander III. (*1845; †1894). Ihr Vater **Georg Theodor Graf von Mengden** (*1836; †1902) war Generalmajor im Gefolge des durch die Linksextremisten getöteten Imperators Alexander II. (*1818; †1881). Der Beiname Alexanders II. war ‚Der Befreier‘, da er tiefgehende

Reformen durchführte und das Leibeigentum abschaffte. Er war der Taufpate von Zinaida; die Taufpatin war Maria Fjodorowna, damals noch die Gemahlin des Thronfolgers. 1904 wurde Zinaida Gräfin von Mengden als 'Dame d'honneur de la Ville' (Ehrendame der Stadt Sankt Petersburg) tituliert und trat dem Gefolge der 1894 verwitweten Imperatorin bei. Am 19. Januar 1912 wurde sie zur Hofdame erhoben. Während des 1. Weltkrieges unterstützte Zinaida ihre Taufpatin bei der Gründung zahlreicher Krankenhäuser und Heime für obdachlose Kinder. Im Auftrag der Imperatorin nahm sie an vielfältigen Wohltätigkeitsaktivitäten des Russischen Roten Kreuzes teil. Als an der Front Giftgase eingesetzt wurden, stellte das Rote Kreuz die von Wissenschaftler Nikolai Selinski (*1861; †1953) entwickelten Atemschutzmasken her, was vielen Menschen das Leben rettete.

Nach dem linksextremistischen Umsturz von 1917 folgte Zinaida ihre Imperatorin nach Dänemark und sie ließen sich in Hvidøre bei Kopenhagen nieder. Um ihren Lebensunterhalt zu bestreiten, eröffnete Zinaida Gräfin von Mengden eine Parfümerie, die sich zum gewinnbringenden Unternehmen mit gutem Ruf entwickelte. Sie spendete Geld für die in Sowjetrussland verbliebenen Verwandten und für Kinder in Not.

Amalia Baronin von Mengden

Zinaida Gräfin von Mengden war nicht die einzige Frau mit unternehmerischen Talenten in der verzweigten Großfamilie derer von Mengden.

1830 gründete Amalia Baronin von Mengden (geb. Baronin von Fölkersahm; *1799; †1864) eine Firma zur Herstellung und zum Vertrieb von reich verzierten Leinwandtischtüchern, Handtüchern und Servietten. Die nach Maßstäben der damaligen Zeit moderne Fabrik befand sich auf dem Gelände des Stammgutes derer von Mengden, Nikolskoje im Gouvernement Kostroma. 1834 wurde in Riga ein Umschlagslager für den Export der Waren nach Westeuropa gebaut. Die Baronin kontrollierte wachsam den Herstellungsprozess selbst, und die Produktionsqualität war so hoch, dass die Handelsartikel von Kaufleuten ohne die gewöhnliche Zwischenkontrolle eingekauft wurden. Die Unternehmensproduktion wurde mehrmals mit silbernen und goldenen Medaillen bei Ausstellungen in Moskau und Sankt Petersburg ausgezeichnet. Während der Londoner Industrieausstellung 1851 bekam Amalia Baronin von Mengden eine lobende Stellungnahme von der britischen königlichen Kommission über ihre Leintextilwaren. Der Hofmaler am Berliner Hof, Richard L. Lauchert (*1823; †1868), porträtierte die elegante Unternehmerin. Das weitere Schicksal des Gemäldes ist unbekannt. Allerdings befindet sich in den Bayerischen Staatsgemäldesammlungen ein Brustbild mit dem Titel „Bildnis einer Dame", das allem Anschein nach Amalia Baronin von Mengden darstellkönnte.

Mit ihrem Mann, dem verdienten Generalmajor der antinapoleo-
nischen Kriege, **Michael-Alexander Baron von Mengden** (*1781;
†1855), hatte Amalia vier Kinder.

Wladimir Baron von Mengden und „Anna Karenina"

Der jüngste Sohn von Amalia Baronin von Mengden war der Staatsrat und Senator Wladimir Baron von Mengden (*1825; †1910), der die Agrarreformen des Imperators Alexander II. im Gebiet Tula umsetzte. Er war der literarische Prototyp für Karenin im Roman von Leo Tolstoi, ‚Anna Karenina'. Seine Frau Elisaweta von Mengden war für ihre Schönheit berühmt und hatte viele Verehrer. Unter ihnen war auch der weltberühmte Schriftsteller Leo Tolstoi (*1828; †1910), der sogar überlegte, ob er ihr einen Heiratsantrag machen sollte. Eines Tages schrieb der schon längst mit Sophie Behrs (*1844; †1919) verheiratete Tolstoi über sein Verhältnis zu Elisaweta von Mengden in sein Tagebuch: „Was wäre passiert, falls sie ihrem Mann einmal untreu würde!" Aus Tolstois persönlichen Gefühlen und komplizierten Beziehungen mit der Familie derer von Mengden kristallisierte sich die allgegenwärtige Weisheit heraus: **„Alle glücklichen Familien gleichen einander, jede unglückliche Familie ist auf ihre eigene Weise unglücklich."**

Baron Michael von Mengden, der Ehemann von Amalia Baronin von Mengden, hielt einen vernünftigen hielt einen vernünftigen Abstand zu den Geschäftsangelegenheiten seiner attraktiven Frau und zog sich auf sein Stammgut Schatowo im Gouvernement Tula zurück, wo er sich, von der bukolischen Idylle umwoben, mit den leibeigenen Schönheiten liierte, so die Überlieferungen…

**Frauen aus Schatowo,
dem ehemaligen Stammgut derer von Mengden
Rayon Dubna, Gebiet Tula/Russland**

Und die Geschichte der Großfamilie derer von Mengden (Mengede) lebt weiter…

Inhalt

Ursprünge...4
Neuanfang im Russischen Zarentum.............................5
Imperiumsdeutsche 8
Auguste Juliane von Mengden......................................8
Anna Dorothee von Mengden und ihre Tochter Anna Ulrike.... 11
Zinaida Gräfin von Mengden 14
Amalia Baronin von Mengden 17
Wladimir Baron von Mengden und „Anna Karenina" 19

<u>Erläuterungen und Quellen:</u>

1. Mengden, ursprünglich Mengede, ist der Name eines westfälischen, baltischen und russischen Uradelsgeschlechts.

2. Transehe-Roseneck, Astaf von: Genealogisches Handbuch der livländischen Ritterschaft, Bd.: 2, Görlitz, [ca. 1935]; S. 1173.

3. Karamsin, Nikolai Michailowitsch: Geschichte des russischen Staates (История государства Российского), Band IX, Kapitel VII. Gretsch-Verlag, Sankt Petersburg 1816–1829;

4. Lepjochin, A. N.: Familiennamen von Dienstleuten, die während der XVI–XVII Jahrhunderte in der Stadt Dedilowo lebten (Лепёхин, А.Н.: Фамилии служивых людей, проживавших в г. Дедилове в XVI–XVII вв.) Manuscript, um 2000.

5. Friesen, Walther: Andreas Osiander / An Ideologue of Russian-German rapprochement efforts // Religion / Church / Society / Research and publications in the field of theology and religious studies, volume VI. Scythia-Print, Saint-Petersburg 2017; ISSN 2308-0698.

6. Emil Dösseler: Soester auswärtige Beziehungen, besonders im hansischen Raum – Teil I, Einführung und Überblick; Soest: Westfälische Verlagsbuchhandlung Mocker & Jahn 1988; S. 123.

7. Diese Zahl ist auch auf Grund der Daten, die im Buch von Raimo Pullat – Die Stadtbevölkerung Estlands im 18. Jahrhundert; Mainz: Verlag Philipp von Zabern 1997 – angegeben sind, hochgerechnet worden.

8. „Anna Karenina" – Elisaweta Baronin von Mengden. Gemälde von Pjotr Fjodorowitsch Sokolow.

9. „Karenin" – Wladimir Baron von Mengden. Originalfoto.

Hugo Wormsbecher

Unser Hof

ISBN 978-3-75042-980-2

ISBN 978-3-75042-953-6

ISBN 978-5-00150-196-1

in drei Sprachen

Erzählung über den Überlebenskampf einer wolgadeutschen Familie aus der Sicht eines Kindes

Aus der Sicht eines Kindes schildert der Autor den aussichtslosen Überlebenskampf einer wolgadeutschen Familie während der entbehrungsreichen Jahre des Zweiten Weltkriegs. Der Verlust der Wolgaheimat und die Deportation der Familie bilden den Hintergrund der Handlung. Mit der Erzählung „Unser Hof", die zum Gleichnis für das Schicksal der Russlanddeutschen wird, hat Hugo Wormsbecher einen herausragenden Text geschaffen, der in den Kanon der deutschen wie der russischen Literatur gehört.

Prof. Dr. Carsten Gansel

Wie kaum ein anderer hat der am 26. Juni 1938 in Marxstadt an der Wolga geborene und nachher in der Verbannung in Sibirien aufgewachsene Hugo Wormsbecher die Traumata seiner vom Totalitarismus gebeutelten Landsleute literarisch zu bewältigen versucht.

Ingmar Brantsch,
rumäniendeutscher Schriftsteller